AF259701

LE
T. R. P. GAUDAIRE

Chanoine honoraire de l'église métropolitaine de Rennes

et de l'église cathédrale de Vannes,

Supérieur général des Eudistes, Directeur de l'institution

Saint-Sauveur de Redon.

NOTICE BIOGRAPHIQUE

PAR

HIPPOLYTE LE GOUVELLO

NANTES

IMPRIMERIE VINCENT FOREST ET ÉMILE GRIMAUD

Place du Commerce, 4.

—

1870

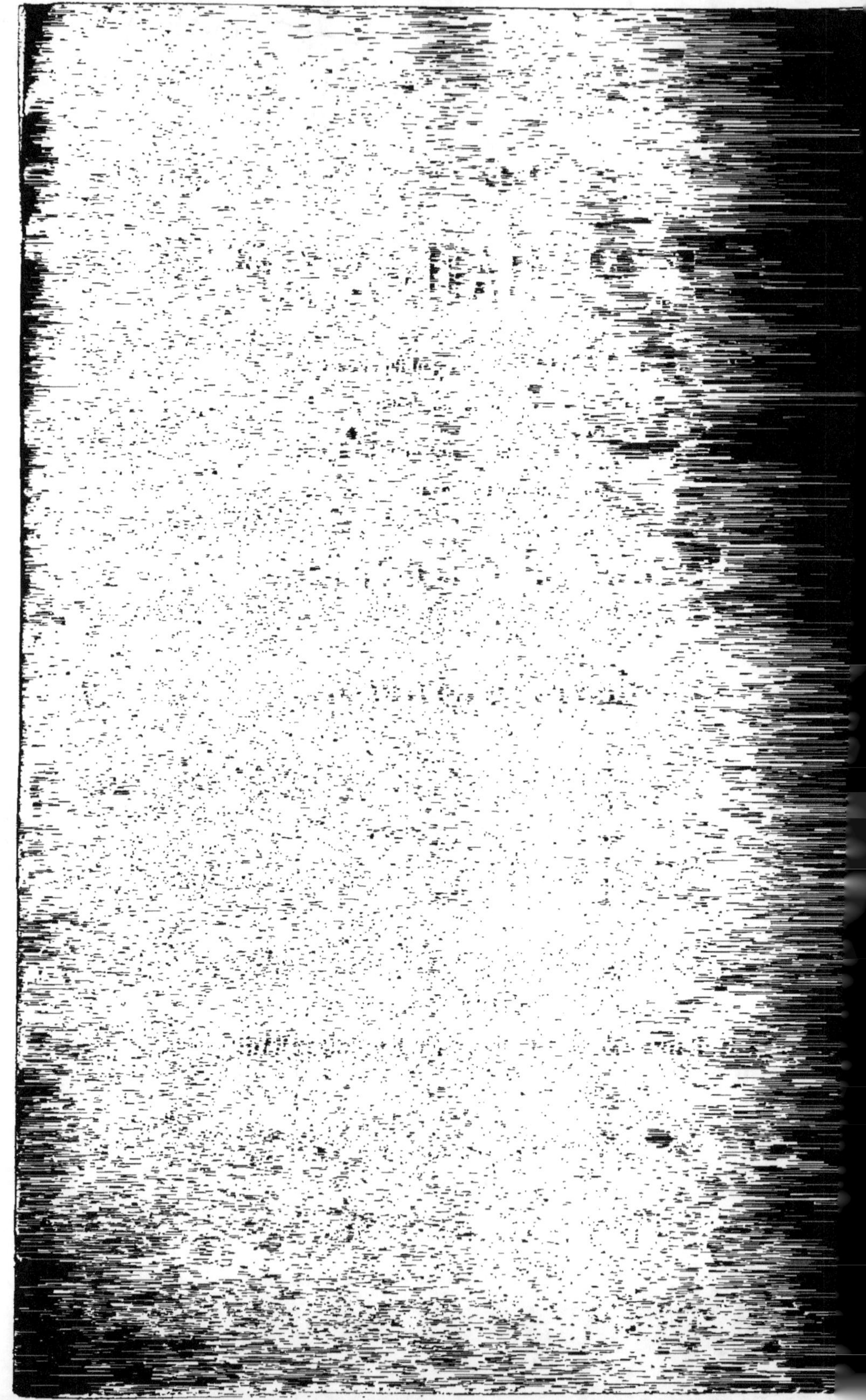

LE
T. R. P. GAUDAIRE

Chanoine honoraire de l'église métropolitaine de Rennes
et de l'église cathédrale de Vannes,
Supérieur général des Eudistes, Directeur de l'institution
Saint-Sauveur de Redon.

NOTICE BIOGRAPHIQUE

PAR

HIPPOLYTE LE GOUVELLO

NANTES

IMPRIMERIE VINCENT FOREST ET ÉMILE GRIMAUD
Place du Commerce, 4.

—

1870

—

LE T. R. P. GAUDAIRE

Chanoine honoraire de l'église métropolitaine de Rennes et de l'église cathédrale de Vannes, Supérieur général des Eudistes, Directeur de l'institution Saint-Sauveur de Redon.

Le jeudi 5 de ce mois, un service solennel était célébré dans l'église de Redon. Une foule de prêtres, un collége entier, de nombreux jeunes gens vêtus de noir, toute une société d'élite, et enfin, pressé jusqu'en dehors des portes, un peuple recueilli, se tenaient priant derrière un modeste catafalque. Cette multitude, dans les rangs de laquelle j'avais pris place, venait rendre un dernier hommage à la mémoire d'un frère, d'un maître, d'un ami, d'un bienfaiteur, et, par-dessus tout, d'un modèle de vertu chrétienne, le T.-R. P. Gaudaire, chanoine honoraire, supérieur général des Eudistes, directeur de l'institution Saint-Sauveur.

Il est mort comme il a vécu, et sa vie a été celle d'un juste.

Comme un ruisseau caché entre les herbes arrose et fertilise nos campagnes, ainsi cette vie s'est écoulée simple et unie devant le Seigneur, et laissant partout après elle les traces fécondes de son passage au milieu du monde.

Je n'en remonterai point ici pas à pas le cours admirable : d'autres le sauront faire avec des souvenirs et une expérience qui me manquent. Je veux seulement crayonner une esquisse. Ce ne sera pas la première et d'autres la suivront sans aucun doute, plus complètes et mieux tracées. Il me semble cependant devoir ce témoignage public de ma reconnaissance à celui qui fut neuf ans mon vénéré maître, et aussi à mes anciens professeurs.

I

Le T. R. P. Louis-Alexis-Marie Gaudaire naquit le 14 septembre 1805 à Ménéac, un petit bourg que, sur les hauteurs de Ploërmel, l'on peut vaguement entrevoir à l'horizon. Son père, juge de paix à la Trinité-Porhoët, était un homme de bien et un loyal Breton ; sa mère avait la solide piété de la femme dont il est parlé dans les Ecritures. *Les commandements de Dieu sont dans le cœur de la femme sainte comme un fondement éternel sur la pierre ferme.* Tel était le fondement inébranlable qu'elle travailla et qu'elle réussit de bonne heure à édifier dans le cœur de son fils.

Au collége de Josselin où il commença ses études, aussi bien qu'au collége de Vannes où il les termina, le jeune Louis Gaudaire fut toujours un élève exemplaire par la régularité de sa conduite et celle de son travail. Comme il arrive d'ordinaire quand les qualités de l'intelligence sont unies aux mérites de la volonté, les succès répondirent aux efforts. Ainsi l'enfant et l'écolier grandirent; ainsi l'adolescence se forma.

C'est après de semblables débuts et sous de pareils auspices que notre étudiant fit son entrée dans le monde. Il ne s'y écarta point de la voie droite suivie jusque-là, et sans jeter même un coup d'œil sur les plaisirs séducteurs où si souvent la jeunesse du siècle s'arrête et se perd, nous le voyons tourner toutes ses pensées vers un seul but, la recherche de sa vocation. Il n'en découvrit d'abord que l'un des côtés, l'enseignement et le professorat. Voilà pourquoi sans doute il accepta les fonctions de précepteur dans une famille distinguée à Paris, la famille de M. de Gourcuff, alors directeur de la Banque de France.

En même temps qu'il instruisait ses élèves, lui-même continuait ses études par un cours de droit.

L'amour du travail se manifesta vite en lui; son esprit sérieux voulait toujours être occupé à des exercices sérieux; il était avide de peines et de sueurs, pour ainsi parler, et plus tard, cette rare qualité s'accroîtra encore et sera même poussée jusqu'à l'excès, jusqu'au sacrifice de sa santé. Heureux excès que celui-là ! et assurément, à ne considérer que le côté physique des choses, le moins nuisible de tous à la durée de notre existence. Mme Swetchine l'a dit avec raison, « le travail est encore ce qui use le moins la vie. »

II

A l'époque où le T. R. P. Gaudaire n'était qu'un humble précepteur laïque, deux prêtres du clergé de Paris, aujourd'hui l'une des gloires de l'Episcopat français et l'une des illustrations de l'Oratoire, MM. Dupanloup et Pététot, faisaient avec le plus grand succès un catéchisme dit de persévérance, dans l'église de l'Assomption. La Providence permit que M. Gaudaire entrât en relations avec ces illustres catéchistes. Ils furent pour lui les messagers de la grâce divine et lui annoncèrent en quelque sorte sa mission. Appelé par leurs voix, qui n'étaient que l'écho de celle de Dieu, à l'état ecclésiastique, il n'hésita pas à l'embrasser, malgré ses croix et ses austérités. Il choisit pour s'y préparer le séminaire de Saint-Sulpice, qui est regardé comme le premier de France, à cause des bons théologiens qu'il a élevés.

Doué d'un jugement remarquable et de ce goût pour l'effort que nous avons déjà signalé, l'abbé Gaudaire se distingua entre ses condisciples par son application persévérante et, bientôt, sa science théologique. Un autre mérite qu'il fit paraître et qui surpasse autant ceux-là que l'ordre surnaturel est au-dessus de l'ordre naturel, fut celui d'une piété forte et fructueuse. Il en relevait non-seulement ses prières, mais tous ses actes. Aussi, quand vint le jour solennel où il allait s'engager pour toujours à l'Eglise, se trouva-t-il formé pour la vie religieuse.

C'est avec de telles dispositions qu'il reçut les saints Ordres jusqu'au diaconat, et en les admirant, nous pouvons déjà prévoir le prêtre dans le séminariste.

III

Nous lisons dans les *Proverbes de Salo-
mon* que *le cœur de l'homme prépare sa
voie, mais* que *c'est au Seigneur à diriger
ses pas*. La belle vie que nous parcourons
réalise merveilleusement cette parole pro-
fonde. Nous avons vu quelle main provi-
dentielle conduisit le cœur de Louis Gaudaire aux pieds des autels pour y être im-
molé à Jésus-Christ. Deux grandes âmes de
prêtres en furent comme la manifestation
visible. La même main se manifeste de nou-
veau lorsque l'abbé Gaudaire achève son
temps de retraite spirituelle, et cette fois
elle agit par l'âme d'un saint. Nous voulons
parler de la rencontre de notre jeune et
fervent lévite et du vénérable P. Loüis, qui
a mérité avec le P. Blanchard le titre de
second fondateur de la congrégation des
Eudistes. Il est mort en odeur de sainteté :
dans toutes les maisons de sa famille religieuse son portrait brille sous celui du P.
Eudes pour rappeler aux derniers enfants
qu'il fut aussi un glorieux ancêtre.

L'influence d'un prêtre de ce zèle et de
cette vertu devait être puissante sur la conduite de l'abbé Gaudaire ; il y céda facile-
ment et il se fit le disciple du P. Loüis. En
compagnie de quelques autres clercs de
Saint-Sulpice, il le suivit à Rennes où se
trouvait la maison-mère des Eudistes et la
première rétablie depuis la Révolution, sous
le vocable de Saint-Martin. Là il termina
son noviciat et fut ordonné prêtre à Noël,
1838.

Son supérieur, qui avait déjà pu appré-
cier ses qualités éminentes, l'envoya à Redon, pour diriger un collége dont la Congrégation venait d'acheter la propriété
dans l'antique abbaye de Bénédictins fondée
par saint Convoyon.

L'institution Saint-Sauveur ouvrit ses
cours en novembre 1839 et les a poursuivis
depuis lors avec un progrès marqué, grâce
à l'habile direction du P. Gaudaire. C'est
grâce à elle aussi que, par l'entremise du
comte de Salvandy, le privilége du plein
exercice lui fut obtenu, plusieurs années
avant la loi Falloux et par une faveur unique,
entre tous les colléges indépendants de la
Bretagne.

A la mort du T.-R. P. Loüis, les services qu'avait rendus le P. Gaudaire, et le talent qu'il avait montré comme supérieur particulier, le firent élire supérieur général de son Ordre.

Nous devons nous arrêter ici plus longuement pour examiner à ce double titre son caractère, ses vertus, ses œuvres, et comment il remplit pendant le reste de sa vie les devoirs d'une place qu'il ne chercha point, mais dont il aurait bien plutôt fui l'honneur, s'il n'avait cru se dérober ainsi à la volonté de Dieu même.

IV

La congrégation des Prêtres de Jésus et de Marie est dite communément la Société des Eudistes à cause du nom de son fondateur, le Père Eudes, prêtre de l'Oratoire, né en 1601 à Rye, au diocèse de Séez. Elle eut d'abord pour buts exclusifs la réforme des séminaires et l'Œuvre des missions. En 1790, elle ne comptait pas moins de seize établissements, situés, pour la plupart, en Normandie et en Bretagne. La

Révolution les ruina, dispersa l'institut, martyrisa ses membres et ne put entraîner un seul Eudiste à l'apostasie. Entre ces nombreux apôtres, il n'y eut pas un seul Judas. Ce fait parle plus haut que tous les éloges.

Nous l'avons déjà dit, la Société des Eudistes fut restaurée à Rennes en 1826 par le zèle des RR. PP. Blanchard et Loüis. Dès lors elle se consacra presque entière à l'enseignement, sans oublier pourtant les premiers objets de ses soins.

Voilà, en peu mots, comment la graine de l'ancienne plante germa et leva en terre. Nous allons la voir grandir tout à l'heure et se couvrir de branches.

V

C'est sous l'administration du P. Gaudaire que l'ordre dont il était supérieur marcha d'un pas vraiment rapide vers son ancienne prospérité. Il lui faut moins de vingt ans pour accroître ses ressources et augmenter ses disciples dans une proportion telle, qu'il put accepter le collége ecclésiastique de Valognes en 1855; fonder l'institution Richelieu à Luçon, en 1856; la même année ouvrir le séminaire de la Roche du Theil, près Redon, et consolider à Coutances l'œuvre encore mal affermie des Missions diocésaines; quelques années plus tard, fournir des missionnaires à Mgr Poirier, évêque eudiste de Roseau, à la Dominique, prendre la direction à Marseille des maisons du Refuge, du boulevard du Baille et de Sainte-Marguerite, et en dernier lieu se charger des soins spirituels à donner à l'œuvre de la Jeunesse ou de M. Allemand dans la même ville. Non-seulement le P. Gaudaire mène de front ces établissements, mais il trouve encore assez de temps pour aller à Rome, y faire connaître le but et les moyens de sa Compagnie, et préparer ainsi les voies au décret d'approbation de cet institut, rendu peu de temps après sur les instances de Mgr Poirier. Le R. P. Gaudaire put mettre encore à profit son séjour à Rome en poussant plus activement la cause de la béatification du P. Eudes.

Quels progrès et que de travaux accumulés ! Quelle suite éloquente de grands ouvrages ! Et si nous ajoutons que leur principal auteur, après Dieu, s'appliquait avec la même ardeur et la même réussite qu'au gouvernement général de son institut au gouvernement particulier de son collége, dont il élargissait l'enceinte et qu'il ornait d'une chapelle remarquable, quelle respectueuse admiration ne devra pas nous saisir en face de cette vie ainsi chargée de bonnes œuvres ! Les lauriers de la vertu sont les plus glorieux de tous, et, pour notre part, nous nous inclinerons toujours devant ceux-ci bien plus bas que devant les autres.

VI

Voulons-nous apprendre comment cet excellent supérieur de congrégation a pu faire tout ce qu'il a fait ? Il nous suffira de l'envisager un instant dans sa physionomie et de considérer ce portrait, le plus ressemblant qu'il nous est possible de le peindre.

Le P. Gaudaire était un homme d'une

intelligence certainement élevée, d'un jugement très-droit et de la volonté la plus
ferme; froid dans les apparences, sensible
dans le fond jusqu'aux larmes, positif et
qui ne laissait à la folle du logis que les
mouvements qu'il ne pouvait lui enlever;
administrateur habile et laborieux, nous
dirions même infatigable, si les travaux ne
l'avaient usé à la longue; enfin, par-dessus
tout, un de ces prêtres zélés au service de
Dieu qui ne connaissent que le devoir et
n'entendent rien lui sacrifier.

« Il possédait, écrit son premier biogra-
« phe, et à un degré éminent, deux qualités
» remarquables, grâce auxquelles toutes
» les affaires qu'il a dirigées ont toujours
» réussi, parfois même contre toute at-
» tente : nous voulons dire le tact et la di-
» gnité.

» Par sa position de chef d'une congré-
» gation, de directeur d'un collége célèbre,
» le P. Gaudaire était à chaque instant en
» relation avec les autorités religieuses,
» administratives et universitaires. Il n'eut
» jamais avec elles que d'excellents rap-
» ports, sachant allier la fermeté et la mo-

» dération, ne demandant jamais ce à quoi
» il ne croyait point avoir droit, mais in-
» sistant avec calme et dignité en tout ce
» qu'il pensait devoir lui appartenir. »

Il avait une telle idée de la réserve qui
est imposée au chef d'un ordre religieux,
surtout consacré à l'enseignement, et il
poussa si loin cette réserve, que le public
ne put jamais connaître ses opinions poli-
tiques, tout en sachant bien qu'avec son
caractère il devait en cacher de prononcées.

A ses fils spirituels de nous dire quel il
fut dans ses relations avec eux. Nous croyons
pouvoir affirmer qu'envers ses élèves il se
montra parfois sévère, rarement inflexible,
et le plus souvent paternel. Je l'ai vu, la
figure bouleversée par la mort de l'un
d'entre nous comme par une perte de famille : sa voix se brisait et pouvait à peine
achever les prières de l'Eglise auprès du
cercueil de cet enfant. On eût dit qu'il pleu-
rait un fils.

VII

Tel je l'ai connu et tel je le revois encore dans des souvenirs assez récents.

De sa personne il avait les traits nobles et accentués, la taille haute, le port grave.

Il causait peu et lentement, dans un langage toujours net, toujours précis, où le sérieux dominait, mais où se faisaient jour des traits de fine bonhomie accompagnés de fins sourires.

Excellent étymologiste aussi bien qu'excellent traducteur en grec comme en latin, il avait étudié surtout les *Annales de Tacite*, qu'il ne pouvait se lasser d'admirer. Un recteur d'Académie le surprit un jour expliquant de vive voix cet auteur aux élèves de la rhétorique; il le pria de continuer le morceau commencé, puis, l'explication faite, il le complimenta franchement et d'une manière très-flatteuse. « Jamais » il n'avait entendu traduire Tacite avec » tant de clarté, tant de précision, tant de » justesse. » Et, en vérité, je crois que notre supérieur en eût remontré à M. Burnouf lui-même, au moins dans certains passages.

Ses sermons ou entretiens religieux étaient ceux d'un père qui instruit ses enfants : aucune vulgarité, aucune recherche, mais ce ton familier d'une paternité bien sentie.

Il priait avec recueillement et il officiait avec une dignité qu'il mettait dans tous ses actes. Cette dignité n'avait rien de haut, mais semblait si simple en lui qu'on n'y songeait point.

D'une exigence peut-être minutieuse pour l'accomplissement de la règle, il donnait lui-même l'exemple, et je répondrais qu'il ne passa jamais un iota de ses *Regulæ congregationis*. On l'a surpris balayant sa chambre et faisant son lit, comme le dernier de ses frères convers.

Ce n'est point que le joug du devoir lui fût plus léger qu'à un autre. Bien qu'habitué à le porter, il le sentait lourd sur ses épaules. Il s'effrayait d'avoir charge d'âmes, et les fonctions de supérieur lui pesaient comme des chaînes. « C'est un dur métier que je mène », lui ai-je entendu dire; et il ajoutait, en se servant d'une comparaison exagérée dont on abuse, mais qui dans sa bouche était l'expression même de la vérité : « J'aimerais mieux casser des pierres sur la grande route. »

VIII

Il se plaignait rarement, du reste. Il travaillait dans le silence, il travaillait encore, il travaillait toujours. Ce labeur incessant le mina. Avec son tempérament sanguin l'exercice et la récréation lui eussent été salutaires; il ne s'en accordait pas ou presque pas. Les soucis inséparables du commandement, les scrupules dont les âmes les plus pieuses sont souvent les plus tourmentées, les chagrins, disons-le, que lui causaient les manquements à la règle de la part de ses élèves et qu'il prenait peut-être trop à cœur, contribuèrent encore à ébranler sa constitution. Toutes ces causes réunies abrégèrent sa vie.

Atteint d'une maladie de cœur, il en souffrait cruellement depuis l'année dernière. Ce mal ne pardonne pas et tue vite. Des

émotions douloureuses vinrent en précipi-
ter la marche pour le P. Gaudaire.

Peu de temps avant Pâques, un jeune
Père Eudiste qu'il aimait mourut de con-
somption. Deux jeunes gens, ses anciens
élèves, et fils d'une famille qui lui était
chère, suivirent coup sur coup ce premier
deuil. Or, ces événements se passaient dans
la ville de Redon ou au collége même de
Saint-Sauveur, c'est-à-dire, à quelques pas
du malade, que les maux d'autrui attris-
taient plus que ses propres souffrances.

Il ne se laissa pourtant point abattre par
le chagrin, et sa mâle résignation lui fit
trouver assez de force pour assister à des
cérémonies funèbres où, dans sa disposi-
tion d'esprit, il pouvait déjà pressentir ses
prochaines funérailles.

Un peu plus tard, et malgré le danger
qu'il y avait, il voulut porter lui-même des
consolations à la noble et bienfaisante famille qui venait d'être si affreusement
éprouvée par la perte de deux de ses
membres. La mort faillit surprendre le P.
Gaudaire dans l'exercice de cette charité,
comme elle avait surpris le P. Loüis, son

prédécesseur, au moment où il donnait l'aumône à un pauvre.

Cependant les médecins ne désespéraient pas encore. Le jour de Pâques, il brilla comme un dernier rayon dans cette vie expirante. Le vénérable supérieur parut rajeuni et mieux portant qu'on ne l'avait vu depuis sa maladie.

« Après la distribution des prix, faite
» aux élèves à l'issue de l'office du soir,
» raconte un témoin, il prit, selon sa cou-
» tume, la parole, pour leur recommander,
» en termes simples et touchants, de ne
» ·point oublier, pendant les vacances, leurs
» devoirs envers Dieu et envers leurs fa-
» milles.

» Sa voix, d'habitude un peu basse, était
» claire et distincte, ce qui frappa tous les
» assistants. La Providence a permis sans
» doute que ces paroles, testament suprême
» d'un père vénéré, fussent entendues de
» tous ces jeunes gens au milieu desquels
» il a passé sa vie, et qui n'oublieront ja-
» mais les dernières recommandations sor-
» ties d'une bouche si chère et d'un cœur
» si aimant. »

IX

Le R. P. Gaudaire se dissimulait moins que personne la gravité de son état et, sentant sa fin proche, il s'était précautionné par une pieuse retraite contre les surprises de cette mort qui vient *comme un voleur dans la nuit*. Elle vint pour lui, en effet, dans la nuit du mardi au mercredi de la semaine de Pâques. Vers onze heures, il se réveille très-oppressé ; il se lève pour combattre son mal, et le mal empirant il appelle à lui les secours de la religion. Comme on lui proposait l'assistance des médecins. « Qu'on ne dérange personne, dit le bon Père, c'est inutile. »

Il ne tenait plus à la terre et ne songeait déjà qu'à ses préparatifs de départ pour le ciel. Il se confesse, il reçoit le Saint-Viatique, l'Extrême-Onction et l'indulgence de la Bonne-Mort dans les sentiments de la foi la plus ardente et de la piété la plus tendre.

La grande lumière de l'éternité semblait luire à ses yeux ; elle avait dissipé toutes ces terreurs de la mort, toutes ces appréhensions des jugements de Dieu, toutes ces ombres enfin qui lui obscurcissaient comme un gouffre le passage de cette vie à l'autre vie.

Malgré l'oppression, qui était excessive, le vénérable supérieur jouissait d'un calme céleste. C'est dans cet état d'inaltérable présence d'esprit et de grâce parfaite qu'il fît acte de soumission pleine et entière à toutes les décisions présentes et à venir du saint Concile du Vatican. Puis, les derniers devoirs remplis, de même que cet homme des champs qui, ayant travaillé tout le jour, ressent le besoin du repos qu'il a mérité, le très-révérend Père se coucha pour expirer et en quelque sorte s'endormir.

Il n'eut pas de convulsions, pas d'agonie; sa bouche et ses yeux se fermèrent d'eux-mêmes; sa parole suprême fut celle-ci : « Je meurs, » qu'il prononça aussi paisiblement qu'un enfant, se laissant aller au sommeil, soupire : « Je m'endors » à sa mère entrevue près de son berceau.

Il était trois heures et demie du matin.

A quelques pas de la chambre du pieux

moribond , un prêtre célébrait pour lui le Saint-Sacrifice. Or , l'*Introït* de la messe de ce jour commence ainsi :

« *Venite, benedicti Patris mei, percipite*
» *regnum, alleluia, quod vobis paratum*
» *est ab origine mundi, alleluia, alleluia,*
» *alleluia.* Venez, les bénis de mon père,
» recevez le royaume qui vous a été pré-
» paré depuis le commencement du monde,
» alleluia, alleluia, alleluia. »

Château de Sévérac, mai 1870.

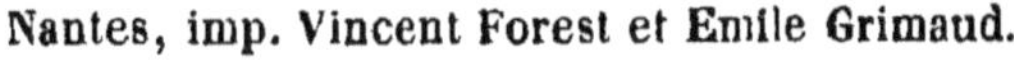

Nantes, imp. Vincent Forest et Emile Grimaud.

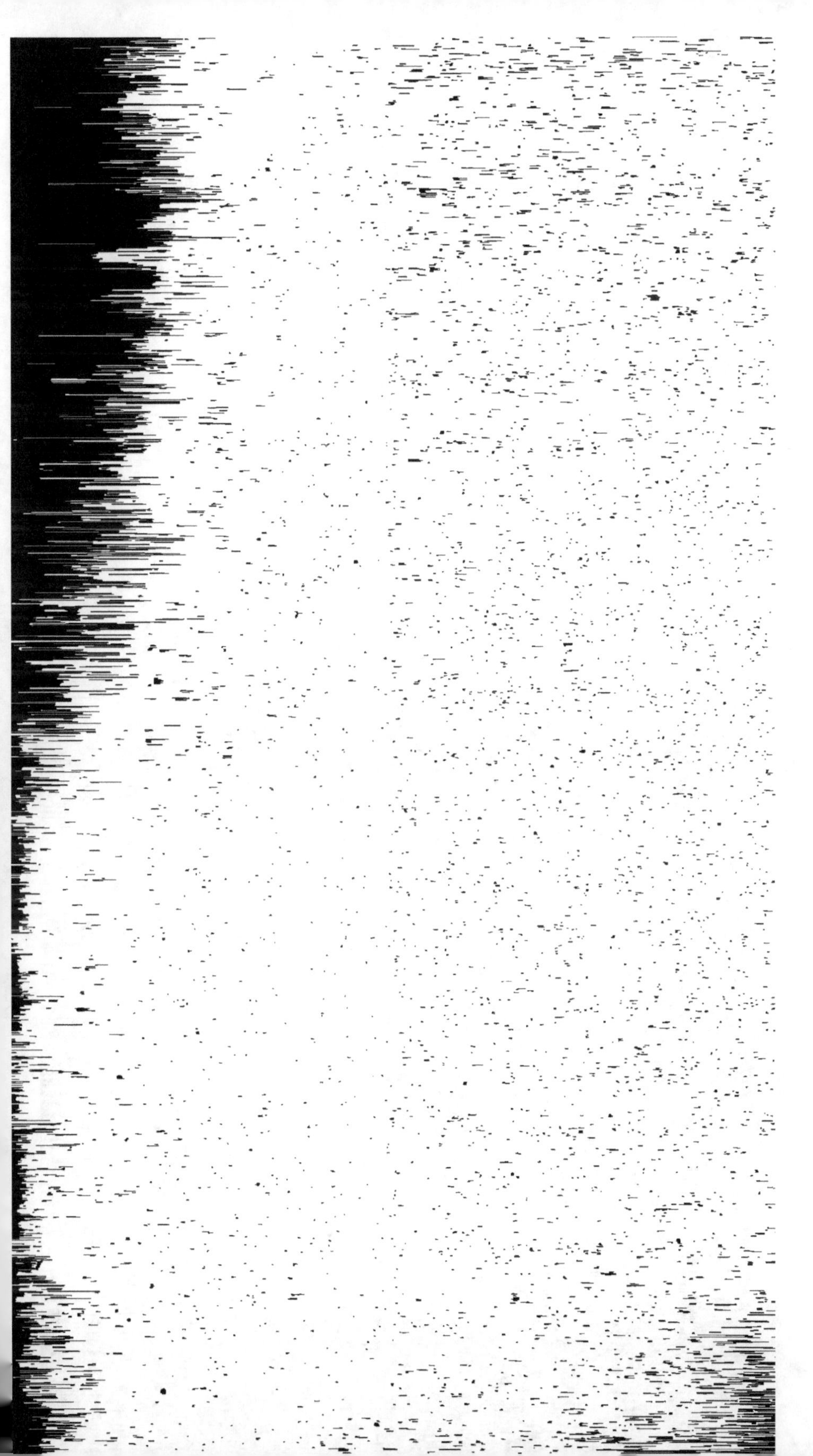

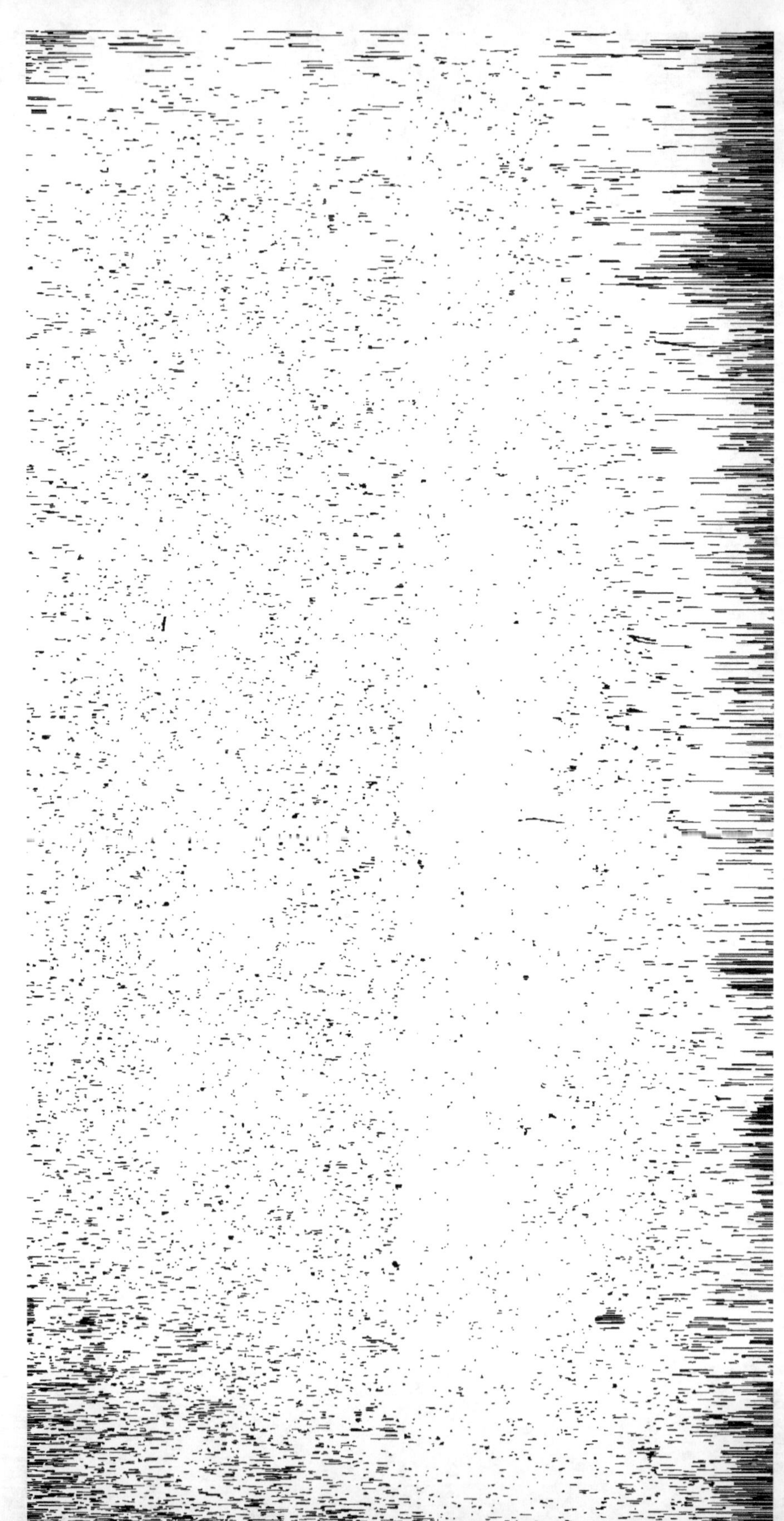

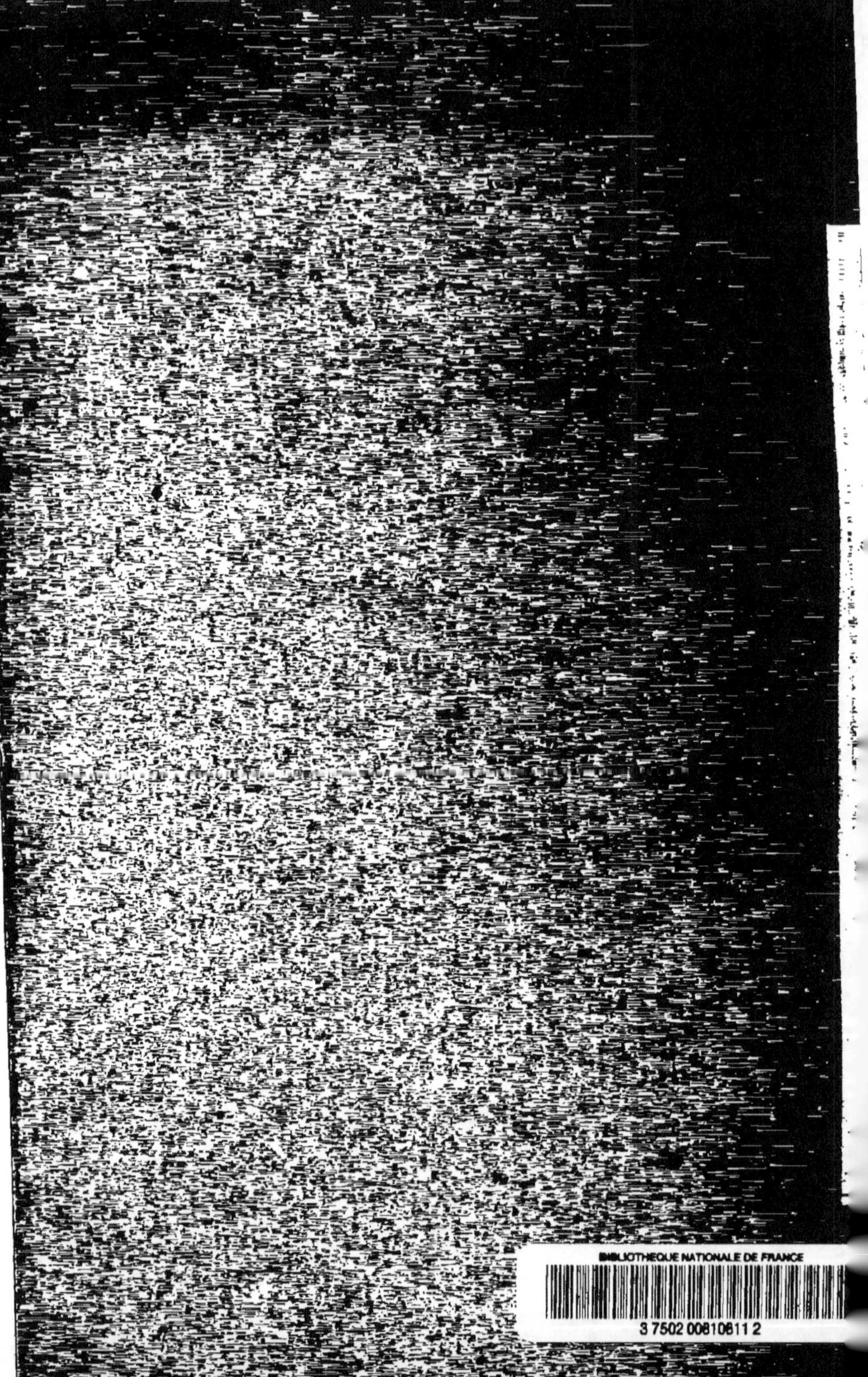